Jan Kuschnik

Erfolg von i-Mode in Japan, Übertragbarkeit des i-Mode -Konzeptes von NTT DoCoMo, Japan, auf europäische Verhältnisse

GRIN Verlag

Bibliografische Information der Deutschen Nationalbibliothek:

Die Deutsche Bibliothek verzeichnet diese Publikation in der Deutschen National-
bibliografie; detaillierte bibliografische Daten sind im Internet über http://dnb.d-
nb.de/ abrufbar.

Impressum:

Copyright © 2002 GRIN Verlag GmbH
Druck und Bindung: Books on Demand GmbH, Norderstedt Germany
ISBN: 978-3-638-64065-7

Dieses Buch bei GRIN:

http://www.grin.com/de/e-book/8751/erfolg-von-i-mode-in-japan-uebertragbarkeit-
des-i-mode-konzeptes-von

GRIN - Your knowledge has value

Der GRIN Verlag publiziert seit 1998 wissenschaftliche Arbeiten von Studenten, Hochschullehrern und anderen Akademikern als eBook und gedrucktes Buch. Die Verlagswebsite www.grin.com ist die ideale Plattform zur Veröffentlichung von Hausarbeiten, Abschlussarbeiten, wissenschaftlichen Aufsätzen, Dissertationen und Fachbüchern.

Besuchen Sie uns im Internet:

http://www.grin.com/

http://www.facebook.com/grincom

http://www.twitter.com/grin_com

Erfolg von i-Mode in Japan

Übertragbarkeit des „i-Mode"-Konzeptes von NTT DoCoMo, Japan, auf europäische Verhältnisse

Jan Kuschnik

Aufbaustudiengang Wirtschaftsingenieurwesen, FH Wedel

Abgabe: 30.09.2002

Inhaltsverzeichnis

1.   Einführung

„i-Mode ist wie WAP, nur farbig"[1] - dies war wohl die häufigste Äußerung, die bei der Einführung des neuen Dienstes in Deutschland im März 2002 von e-Plus zu hören war. Im Gegensatz zu den ernüchternden Erfahrungen, die die Mobilfunkbetreiber mit WAP gemacht hatten, versucht e-Plus nun, an das in Japan äußerst erfolgreiche Geschäftsmodell des Anteileigners NTT DoCoMo (über KPN Mobile) anzuschließen.

Aber so einfach, wie viele den neuen Datendienst begegneten, ist die Abgrenzung zwischen den beiden Datendiensten wohl doch nicht zu erklären. In Wirklichkeit ist i-Mode ein anderes Geschäftsmodell, das in Japan sehr erfolgreich ist und sich auf zwei grundlegenden Säulen stützt:

1. Service statt Technikbegriff[2]
2. Geld für Content-Lieferanten[3]

Um die wesentlichen Unterschiede näher zu beleuchten, sollte anfangs noch einmal kurz das bislang fehlgeschlagene WAP-System betrachtet werden:
Seit der Einführung sind nun etwas mehr als drei Jahre vergangen. Anfangs freuten sich die Mobilfunk-Konzerne auf steigende Umsätze und neue Kunden, da man nun nicht nur telefonieren konnte, sondern auch unterwegs im mobilen Internet surfen.
Die Resonanz in der Bevölkerung verlief aber leider nicht wie erwartet. Als Hauptgründe sei hier nur kurz angeführt die mangelnde Schnelligkeit, die komplizierte Bedienungsführung und die hohen Kosten.
Um das System etwas aufzuwerten, wurde vor einem Jahr der Start zahlreicher neuer Techniken angekündigt. Die neuen Techniken waren GPRS (D1, D2, E-Plus und O2) und HSCSD (D2 und e-Plus). Zusätzlich sollten neue Portale und neue Funktionen wie „Local-Based-Services"[4] geschaffen werden.

---

[1] Zdnet (2002)
[2] Zdnet (2002).
[3] Zdnet (2002).
[4] Vgl. Zdnet (2002).

Das Problem an diesen neuen System ist nur, dass die meisten Kunden nicht wissen, wie man die neue Technik nutzt bzw. welche Dienste denn nun schneller funktionieren sollen.[5]

Hier sah NTT DoCoMo den Fehler bei der WAP-Einführung in Europa. „Die Leute wollen praktische Dienste für unterwegs, und es interessiert sie nicht, welche Technik dafür zum Einsatz kommt", so Takeshi Natsuno, i-Mode Managing Director, anlässlich einer Keynote auf der Systems 2001.[6]

Genau dies hat NTT DoCoMo mit seinem i-Mode Konzept anders gemacht:

I-Mode steht für einen phänomenalen Erfolg eines Datensystems und ist damit der Hoffnungsträger der Mobilfunknetzbetreiber geworden, die seit einiger Zeit mit einer Umsatzstagnation zu kämpfen haben.[7]

Im Rahmen dieser Seminararbeit soll nun erörtert werden, ob sich der überwältigende Erfolg in Japan in Deutschland wiederholen lässt.

1.1   Merkmale von i-Mode in Japan

Im Gegensatz zu der Ankündigung des technischen Wunderwerks WAP stand in Japan die technische Seite ganz im Hintergrund und die praktische Seite wurde hervorgehoben.

„Genau dies wurde in Japan richtig gemacht", so Takeshi Natsuno[8] weiter und die erste wichtige Säule dementsprechend umgesetzt. Den Kunden wurden Dienste und keine Technik angeboten; also Fußball-Infos, neuester Klatsch aus der Adelswelt oder auch Stau-Informationen etc..

Wenn die Kunden einen nützlichen Dienst entdecken, der ihnen im Alltag hilft oder ihnen Freude bereitet, dann sind die Leute auch bereit, dafür Geld zu zahlen.

Der Erfolg gibt Natsuno Recht. Im Februar 1999 startete DoCoMo den i-Mode Service. Bis Dezember 1999 gewann DoCoMo 16 Millionen neue Kunden[9] und das

---

[5] Vgl. Kuhn, Handelsblatt (2002)
[6] Vgl. www.systems.de.
[7] Vgl. Kuhn, Handelsblatt (2002)
[8] Zdnet (2002)
[9] Vgl. Zobel in Mobile Business und M-Commerce, S.107.

rasante Wachstum sollte weitergehen. Heute nutzen über 44 Millionen Japaner[10] den mobilen Datendienst mit steigender Tendenz.

Der Erfolg von i-Mode beruht nicht etwa auf – wie man meinen könnte – einer überlegenen Technik. Der Dienst übertrug anfangs die GSM Daten mit schneckenartigen 9,6 kbps und wurde erst im Jahr 2002 auf 28,8 kbps beschleunigt. Trotz der langsamen 9,6 kbps war i-Mode aber der erste Dienst, der auf paketbasierter Übertragungstechnologie beruhte.[11] Der Vorteil hierbei liegt darin, dass der Kunde ständig online ist, also die Einwahl entfällt, und es wird nur für tatsächlich übertragene Daten bezahlt.

Zweite wichtige Säule des Konzeptes beinhaltet die finanzielle Sicht der Service-Provider von i-Mode. Während bei WAP 100% der anfallenden Gebühren an den Netzbetreiber gehen, behält der Netzbetreiber bei i-Mode nur einen kleinen Anteil der anfallenden Gebühren. Zur Zeit liegt dieser Anteil bei 9% für NTT DoCoMo.[12]

Die übrigen Prozent gehen an die Content-Anbieter, die beim Provider gelistet werden. Durch diese neue Umverteilung der Gewinne werden die Anbieter motiviert, interessante Dienste anzubieten.

Auf die Frage, ob man mit diesen wenigen Prozenten überhaupt wirtschaften kann, sagte Takeshi Natsuno: „Besser man behält neun Prozent bei einem Dienst, den die Leute toll finden und oft nutzen, als 100 Prozent bei einem Dienst, den die Leute nur sehr selten nutzen."[13]

In Japan bieten zur Zeit knapp 900 NTT-DoCoMo-Partner 1800 offizielle Websites an.[14] Zusätzlich stehen 40000 weitere Websites mit i-Mode-Optionen zur Verfügung.[15] Der Dienst bietet neben Content-Vielfalt auch viele Serviceleistungen, wie beispielsweise mobile Bankgeschäfte oder Restaurant- und Ticketreservierungen

---

[10] Vgl. Informationweek (2002)
[11] Vgl. Funkschau 16/2000, S.48
[12] Zdnet (2002)
[13] Vgl. www.systems.de
[14] Vgl. Northstream (2002)
[15] Vgl. Niklowitz, NZZ

an. Spiele und die Möglichkeit, farbige Bilder zu verschicken, machen i-Mode besonders bei Teenagern beliebt. Die inhaltliche Vielfalt beruht darauf, dass NTT DoCoMo Geräte- und Netzwerkhersteller auf eine einheitliche technische Spezifikation verpflichten konnte. So sind alle Inhalte für jeden Nutzer zugänglich.

Hinter dieser einheitlichen Spezifikation verbirgt sich cHTML.[16] Dies ist eine vereinfachte Version der Seitenbeschreibungssprache HTML, in der die „normalen" Internet-Seiten geschrieben werden. Hierdurch wurde eine einfachere Übersetzung ermöglicht. Dies ist ein weiterer Vorteil für die Content-Anbieter, da nicht erst eine neue Programmiersprache erlernt werden musste, sondern die bisher schon im Internet vertretenen Seiten leicht umgeschrieben werden konnten.
Leider ist es aber nicht möglich, HTML-Seiten auf einem i-Mode Handy abzurufen. Diese pages wären für die langsamen Geschwindigkeiten ohnehin zu groß. Eine Seite in cHTML ist ungefähr ein sechzigstel kleiner als eine vergleichbare Seite in HTML. Des weiteren erlaubt cHTML - im Gegensatz zu WAP - die Übertragung von Sound und farbigen Bildern.

Der Nachteil an cHTML ist, dass es exklusiv für i-Mode entwickelt wurde, d.h. dass Nutzer anderer Mobilfunknetzbetreiber nicht auf die Inhalte von i-Mode zugreifen können. Somit lebt der Benutzer von i-Mode in seiner eigenen Welt, in die kein anderer Netzbenutzer hinein, er aber auch nicht hinaus kann.[17]
Weiterhin wird ein spezielles Handy benötigt, dass einen eingebauten cHTML Browser besitzen muss, d.h. ein Wechsel zu einem anderen mobile Internet Anbieter ist nicht möglich.

Grundfunktion von i-Mode ist das Service Menü, das als eine Art Portal aufgefasst werden kann und in jedes i-Mode Handy bereits integriert ist. Dieses Portal kann aber jeder Nutzer nach seinen Vorlieben verändern und anpassen. Hierüber wird auch auf das e-Mail System zugegriffen, das zusätzlich zur normalen e-Mail Funktion

---

[16] Vgl. Niklowitz, NZZ
[17] Vgl. Niklowitz, NZZ

auch Voice-Mail umfasst. Anders als bei den speziellen Internet-Seiten kann die e-Mail Funktion netzübergreifend verwendet werden.[18]

1.2   Merkmale von i-Mode Deutschland (e-Plus)

I-Mode wird in Deutschland exklusiv von e-Plus vermarktet. Dies ist darauf zurückzuführen, dass NTT DoCoMo 15% an dem niederländischen Mobilfunkanbieter KPN Mobile hält. E-Plus gehört zu 100% zu KPN Mobile.[19]

E-Plus setzte bei der Einführung von i-Mode auf die schnelle, paketvermittelnde Übertragungstechnik GPRS (General Packet Radio Service). Die Kunden sind »always on« und können die Datendienste mit einer Geschwindigkeit von bis zu 53,6 kbps im Download und bis zu 13,4 kbps im Upload nutzen. [20]

Das Geschäftsmodell, bei dem 86 Prozent[21] des Umsatzes beim Content-Provider bleiben, soll laut einer Studie des Verbandes der deutschen Internetwirtschaft ECO zusätzlich zum Markterfolg beitragen.

„Der Unterschied zum japanischen Modell, beim dem nur 9% beim Netzbetreiber verbleiben, ergibt sich, weil wir das komplette Billing für unsere Kunden übernehmen und damit das finanzielle Risiko tragen", so e-Plus CEO Uwe Bergheim auf der i-Mode Pressekonferenz am 4. März 2002.[22]

Später sollen die i-Mode Dienste in den noch schnelleren UMTS-Netzen angeboten werden.

Außerdem können auf der i-Mode zugrundeliegenden Plattform die technischen Funktionalitäten von WAP NG (WAP Next Generation) und Java integriert werden.[23]

Weiterhin wurde die Einstiegsschwelle bewusst niedrig gehalten: „Unsere Content-Anbieter haben für den Start rund 25.000 Euro investiert", erklärte Bergheim[24]

---

[18] Vgl. Reuss (2002)
[19] www.e-plus.de
[20] www.e-plus.de
[21] Vgl. Zdnet (2002)
[22] www.e-plus.de.
[23] www.e-plus.de
[24] www.e-plus.de

Trotz der sehr niedrigen Gewinnmarge dürfte e-Plus aber auch die japanischen Zahlen im Hinterkopf haben. Nach einer Studie von Jupiter Research ist der M-Commerce-Umsatz in Japan mit über 400 Millionen Dollar fast 30 mal höher als in Europa.[25] Hierin steckt also noch gewaltiges Entwicklungspotential.

Auch möchte e-Plus den Fehler von WAP nicht wiederholen und setzt wie der Anteileigner DoCoMo bei der Vermarktung nicht auf die technische Seite, sondern auf ein neues Gefühl von Lifestyle.

Die Produktmanager haben sich sehr angestrengt und konnten schon direkt beim Start eine gute Auswahl an Content-Lieferanten vorzeigen. Zur Zeit sind es schon 70 registrierte Content-Anbieter, die Inhalte sekundenschnell und gegen Gebühr zur Verfügung stellen.[26]

---

[25] www.jup.com
[26] www.e-plus.de

2.   Märkte

2.1   Marktbeschreibung

Der japanische Markt wurde seit der Telekommunikationsliberalisierung 1992 sehr stark von der Tochter des ehemaligen Monopolisten Nippon Telegraph und Telephone, NTT DoCoMo, dominiert.[27] Zur Zeit ist Japan mit mehr als 59 Millionen mobilen Teilnehmern einer der größten Mobilfunkmärkte der Welt. Die Entwicklung des Marktanteils ist aus Abbildung 1 ersichtlich.

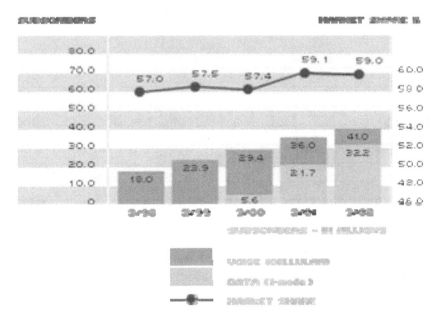

Abbildung 1 – Entwicklung Marktanteil NTT DoCoMo[28]

Hier lässt sich eindeutig die dominante Rolle von NTT DoCoMo erkennen, zumal sich mehrere andere Mobilfunkanbieter den verbleibenden Marktanteil teilen, wie aus der Abbildung 2 ersichtlich wird.

---

[27] www.aboutit.de
[28] www.nttdocomo.com

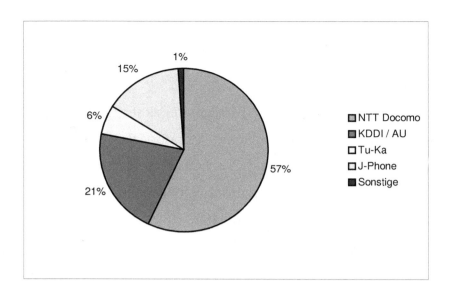

Abbildung 2 - Mobilkommunikationsmarkt in Japan (Stand: 31.12.2000)[29]

Diese Marktstellung half NTT DoCoMo eindeutig bei der Einführung von i-Mode. Zusätzlich brachte NTT DoCoMo den i-Mode Service als erster im Februar 1999 auf den Markt.[30]

Nun mussten nur noch die vorhandenen Telefonkunden davon überzeugt werden, auch das mobile Internet zu nutzen. Durch eine geschickte Marketing-Strategie (hierzu später mehr) schaffte es NTT DoCoMo, eine beeindruckende Benutzerentwicklung zu erlangen. Wie aus Abbildung 1 ersichtlich vervierfachte sich die Kundenzahl von Ende 2000 bis Ende 2001.

NTT DoCoMo nutzte den Vorteil des „First Movers" und schaffte es innerhalb von kürzester Zeit, die Hürde der kritischen Masse zu überwinden. Kurz nach i-Mode brachten EZ-Web und J-Phone ihre eigenen Systeme auf den Markt. Sicherlich profitierten diese von dem bereits bestehenden Dienst. Dennoch schafften sie es nicht, die Dominanz von NTT DoCoMo zu brechen, wie aus Abbildung 3 ersichtlich ist.

---

[29] Vgl. Reuss (2002)
[30] www.nttdocomo.com

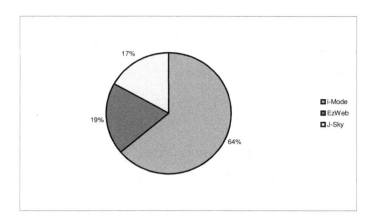

Abbildung 3 - Marktanteile mobiles Internet[31]

Anfangs war das mobile Internet nur ein Teilmarkt des Hauptmarktes der mobilen Telekommunikation. Doch dies hat sich in den letzten Jahren in Japan eindeutig verändert.

Zur Zeit benutzen schon über 50% der i-Mode User ihr Handy öfter zum surfen, als zum telefonieren.[32]

Auch wenn die Märkte sehr stark voneinander abhängen, können sie schon als getrennte Märkte betrachtet werden, da auch einige Kunden das Gerät nur aufgrund der einen Funktion (mobiles Internet oder Telefon) kaufen.

2.2 Pioniernutzer in Japan

Die erste Generation von Nutzern waren insbesondere Jugendliche. Auch hier hatte DoCoMo bereits frühzeitig den Trend erkannt, i-Mode nicht als mobiles Internet zu vermarkten, sondern als Spaßplattform. Hiermit wurden insbesondere die jüngeren Altersgruppen angesprochen und nicht etwa Geschäftsleute. Im Jahr 2000 waren über 60% der Nutzer unter 34 Jahren und rund ein drittel davon unter 24.[33]

I-Mode wird deshalb in Japan auch als Unterhaltungsmedium betrachtet, das vor allem während der langen Fahr- und Wartezeiten im Alltag gebraucht wird.

Betrachtet man die Nutzungskurven, zeigen diese einen vergleichsweise flachen Verlauf bis 16 Uhr; erst dann steigt die Kurve steil an und erreicht ihren Höhepunkt

---

[31] Vgl. Reuss (2002)
[32] Vgl. Zobel, S.109
[33] Vgl. Zobel, S.108

um Mitternacht. I-Mode ist in Japan damit ein vor allem in der Freizeit genutztes Medium. Dies lässt sich auch dadurch erklären, dass im Vergleich zu westlichen Industrienationen der herkömmliche Internet-Zugang teurer und weniger verbreitet ist.

Etwa 50%[34] des gesamten Aufkommens des i-Mode Portals beschränkt sich allerdings auf mobile E-Mails und Messaging, das in Deutschland durch die SMS abgedeckt wird. Ein SMS-Versand ist aufgrund des japanischen 2G-Standard PDC nicht mehr möglich. [35]

Zu den weiteren, am meisten nachgefragten Diensten zählen Klingeltöne, Spiele und Horoskope.

2.3   Nutzer in Deutschland

Im Gegensatz zu Japan steht Deutschland, wo das mobile Internet - zur Zeit vertreten durch WAP und i-Mode - eher als Teilmarkt der mobilen Telekommunikation zu betrachten ist, da hier zur Zeit niemand das Handy nur aufgrund des mobilen Internets kaufen würde.

Anders als die optimistischen Einschätzungen der niederländischen KPN und ihrer deutschen Tochter e-Plus bewerten die Marketing-Experten des schwedischen Technologieherstellers Ericsson die Chancen für den Erfolg des japanischen Dienstes für das mobile Internet in Europa sehr zurückhaltend. Der Ericsson-Marketingvorstand, Torbjörn Nilsson, sagte im Gespräch mit der "Financial Times Deutschland": "I-Mode wird höchstens ein Nischenprodukt" (06.09.2001).[36]

Doch e-Plus ließ sich von solchen Aussagen nicht schrecken und führte mit einer großen Marketingkampagne im März 2002 den neuen Dienst ein. Die besondere Schwierigkeit war diesbezüglich, dass DoCoMo anfangs nur seine bestehende Kundschaft überzeugen musste, eine zusätzliche Leistung abzuschließen; e-Plus nunmehr jedoch versuchen mußte, durch den neuen Dienst von Beginn an neue Kunden zu werben.

---

[34] Vgl. Northstream (2002)
[35] Vgl. Niklowitz, NZZ
[36] Vgl. FTD (2002)

Prinzipiell zielt e-Plus auf das gleiche Kunden-Klientel ab, wie es DoCoMo vorgemacht hat. Hierzulande sind nur einige weitere Hürden zu nehmen.

Wie bereits oben erwähnt, benutzt ein Hauptteil der Anwender in Japan i-Mode zum mobilen Messaging. In Deutschland steht allerdings immer noch die SMS an vorderster Stelle.[37] Hinzu kommt die von den großen Mobilfunkanbietern neu eingeführte MMS.

2.4 Unterschiede

Bei Betrachtung des Internet-Auftritts und der Marketing Auftritte von e-Plus wird ersichtlich, dass e-Plus mit seiner Marketing Strategie zur Zeit auf ein ähnliches Nutzerumfeld abzielt, wie NTT DoCoMo beim Start in Japan.

Jedoch sind die Ausgangspositionen in Deutschland etwas anders als in Japan.

Wie aus Abbildung 4 ersichtlich wird, verfügt e-Plus nur über einen geringen Marktanteil in Deutschland. Der Hauptteil fällt den beiden Anbietern D1 (Telekom) und D2 (Vodafone) zu. Hier muss e-Plus - im Gegensatz zu NTT DoCoMo - nicht nur die bisherigen Nutzer von dem Zusatz-Angebot überzeugen, sondern auch massiv neue Kunden werben.

Weiterhin liegen die Umsätze pro Kunde in Europa viel niedriger als in Japan. Viele Kunden sind Prepaid-Kunden, die über dieses Abrechnungssystem sehr auf ihre Kosten achten. Dieses Kundensegment gibt es in Japan nicht.

---

[37] Vgl. Handelsblatt (2002)

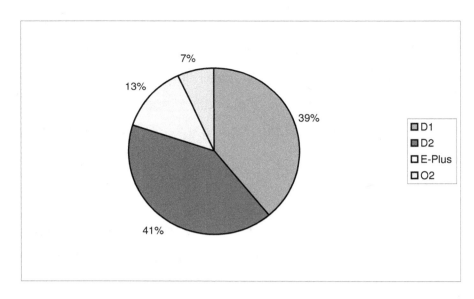

Abbildung 4 - Marktaufteilung Deutschland[38]

Der Großteil der Deutschen besitzt mittlerweile ein Handy und ist mit einem 2-Jahres Vertrag an seinen Mobilfunkanbieter gebunden. Hieraus ergibt sich, dass Handys in Deutschland länger genutzt und nicht so häufig gewechselt werden.[39]

Das durchschnittliche Einkommen von Europäern liegt unter dem von Japanern. Dies erklärt auch, dass deutsche Mobilfunk-Teilnehmer einen geringeren ARPU-Level ausmachen. Aus der Tabelle 1 geht hervor, dass das ARPU-Level sogar um ungefähr 2/3 geringer ist als in Japan. Die Tabelle gibt auch Aufschluss darüber, dass in Deutschland ungefähr 64% der Bevölkerung schon ein Handy besitzt, während in Japan erst 51% mit einem Handy ausgestattet sind. Dies bedeutet, dass die Wachstumschancen in Deutschland wesentlich geringer sind als in Japan. Wie bereits erwähnt, kann e-Plus somit kaum auf das Neukunden-Segment zielen, sondern muss sich bei der Kundengewinnung eher auf die Abwerbung von Kunden der Mitbewerber und auf die Prepaid-Kunden konzentrieren.

---

[38] www.lsb-online.de
[39] Vgl. Northstream (2002)

	Pop (MM)	GDP/ Capita (US$)	Subs (MM)	Pene- tration	YoY Sub Growth	Monthly Chum	ARPU (US$)	MOU (min)	RPM (US$)	Data % of Service Revenues	EBITDA Margines	Major Com- petitors
Germany	83	26.770	53,4	65%	31%	1,2%	$20	89	$0,20	11,4%	35%	4
Japan	127	31.787	65,4	51%	17%	1,7%	$68	117	$0,33	14,7%	27%	4

© Meryl Lynch Estimates

Tabelle 1 – Vergleich Japan - Deutschland[40]

Außerdem scheint die Bereitschaft, Geld für „Spielereien" auszugeben, hierzulande wesentlich geringer zu sein. In diesem Zusammenhang sei auf das Tamagochi-Phänomen verwiesen. Während in Japan diese Euphorie durch die ganze Bevölkerung ging, blieb das Phänomen in Deutschland eher auf Jugendliche beschränkt.

Diesbezüglich ist noch einmal auf die unterschiedlichen Nutzarten des Datendienstes i-Mode einzugehen: Während in Japan sowohl der Spaßfaktor als auch das Versenden von e-Mails im Vordergrund stehen, ist in Deutschland die richtige Basis zur Etablierung noch nicht gefunden worden.

Diese Diskrepanz lässt sich u.a. durch die sehr geringe japanische Internet-Penetration von ungefähr 10% erklären[41] erklären; während diese in Deutschland mit zur Zeit 57% wesentlich höher anzusetzen ist.

---

[40] Vgl. Reuss (2002)
[41] Bezogen auf 1999; BCG Analyse; Ovum

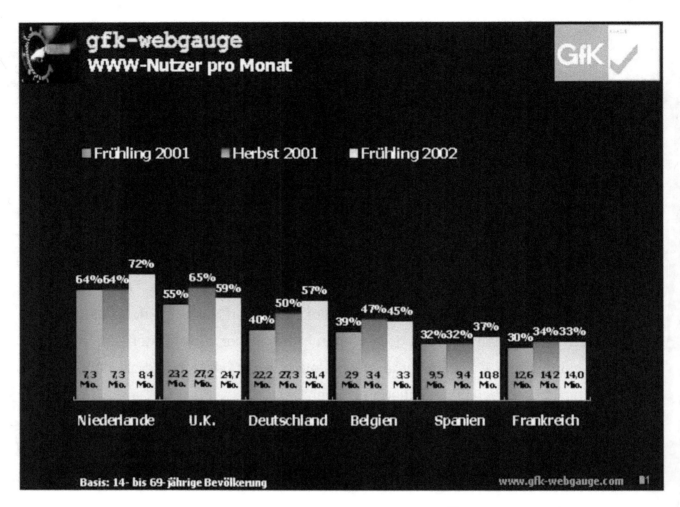

Abbildung 5 - www-Nutzer pro Monat[42]

Die Schlussfolgerung liegt nahe, dass auch aus diesem Grund viele Deutsche ihr Handy nicht für die Verarbeitung von e-Mails nutzen, da viele ihre e-Mails am Arbeitsplatz und zu Hause abrufen können. Darüber hinaus stellt sich die Eingabe über die kleine Tastatur des Handys doch als sehr umständlich dar.

---

[42] www.gfk-webgauge.com/c_germany/titlesite/index_definitions.htm

3. Geschäftsmodelle

Laut Professor Jeffrey Funk, Professor an der Kobe-Universität in Japan und Autor des Buches „Why Japan dialed up and the West disconnected", liegt das Geheimnis des fundamentalen Erfolges von i-Mode in den Geschäftsmodellen von NTT DoCoMo.[43] Dieser Meinung ist aber nicht nur Professor Funk, sondern auch viele andere Analysten, die sich mit diesem Themenbereich bislang beschäftigt haben.

Aus diesem Grund ist es hier besonders wichtig zu schauen, inwieweit e-Plus die Geschäftsmodelle von NTT DoCoMo übernommen hat und inwieweit diese auf dem deutschen Markt angewendet werden können.

Besonders wichtig erscheint es hier, dass die Content-Anbieter an den Umsätzen mit 91% beteiligt werden. Dies führt bei NTT DoCoMo zwar zu geringeren Gewinnmargen für i-Mode, doch scheint das mobile Internet für NTT DoCoMo dennoch zu einem durchschlagenden Erfolg zu werden – wie aus der Abbildung 5 ersichtlich wird.

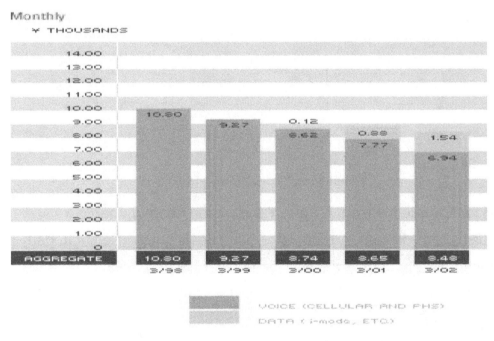

Abbildung 6 - Average Revenue per User[44]

---

[43] Bgl. FTD (2002)
[44] www.nttdocomo.com

Durch i-Mode schafft es NTT DoCoMo, den Trend zu fallenden Umsätzen pro Kunde bei der Sprachübertragung beinahe wettzumachen. Steigende Umsätze pro Kunde bei der Datenübertragung kompensieren die Verluste im Sprachgeschäft.

3.1 Grundmodell

Das Grundmodell, das hinter i-Mode steht, lässt sich am besten anhand der Abbildung 7 erläutern.

Laut e-Plus ergibt sich durch dieses Modell die klassische „Win-Win-Situation" zwischen Content-Anbieter und e-Plus.

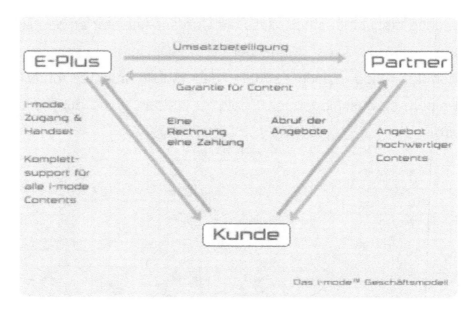

Abbildung 7 - Geschäftsmodel i-Model

Dieses Modell wurde in dieser Form 1:1 aus Japan übernommen.

Hinzuzufügen zu diesem Model ist unter bestimmten Bedingungen noch der Einflussfaktor der „Industrie", die die Content-Partner sponsert.

Northstream hat analysiert, dass ungefähr 50% der offiziellen Content-Anbieter, die Gebühren für ihre Dienste verlangen, auch profitabel sind. Folglich schlussfolgerte Northstream, dass die Profitabilität von Content-Anbietern nicht unbedingt wichtig ist. Diese Analyse führte zu Rücksprachen mit vielen Firmen, deren Hauptgeschäft nichts mit i-Mode Inhalten zu tun hat. Herausgestellt hat sich bei diesen Firmen, dass die Profitabilität kein Maßstab für den Erfolg ihrer Präsenz im i-Mode Markt ist. Vielmehr versuchen diese Firmen, werbewirksam zu agieren und erste Erfahrungen, auch in Hinsicht auf UMTS, im mobilen Internet zu sammeln.

Unter der Zuhilfenahme der Analyse von Northstream muss an dieser Stelle nochmals auf den Datendienst WAP zurückgekommen werden. Wenn es vielen Anbietern nur darum geht, Präsenz zu zeigen, gerät das Geschäftsmodell von NTT DoCoMo etwas in den Hintergrund und es würde dann nur darum gehen, welcher Datendienst (WAP oder i-Mode) die größere Durchdringungstiefe in der Bevölkerung erlangen wird. Hier bleibt abzuwarten, wie die einzelnen Firmen mit den verschiedene Datendiensten umgehen werden.

Das oben stehende Modell sollte aber noch etwas intensiver analysiert werden, da viele Analysten den Erfolg von i-Mode in diesem Geschäftsmodell sehen.

Hier geht es nun darum, die verschiedenen Zahlungsströme, die hinter diesem Modell stehen, aufzuzeigen.

Zum einen betrachtet man den reinen Umsatz aus den Kommunikationsleistungen. Der Kunde zahlt hier nur die Grundgebühr und die durch die Datenmenge abhängige Paketgebühr. Dieses Geld geht direkt an den Mobilfunkanbieter.

Zum anderen gibt es das „Clearing-House-Model". Hier übernimmt der Mobilfunkanbieter die Abrechnung der Content-Anbieter und beteiligt sich mit einem gewissen Prozentsatz an den Gewinnen der Content-Anbieter.

3.2   Erweiterte Modelle

Das „Pay-to-have-contents-loaded"-Modell ist eine Art Product Placement auf den mobilen Internetseiten. Hier bekommen die Content-Anbieter Geld von Sponsoren, damit ihr Produkt oder ihre Dienstleistung an erster Stelle steht; z.B. sucht ein Autofahrer ein Hotel in der Nähe. Bei der entsprechenden Suche im gesamten Angebot bekommt er dann das Hotel angezeigt, das eine gewisse Gebühr an den Suchdienst bezahlt hat.

Diese Gebühren kann der Mobilfunkanbieter nicht beeinflussen und kann an ihnen auch nur indirekt teilhaben.

Das „Retail"-Modell stellt M-Commerce im engeren Sinne dar. Der Content-Anbieter versucht, auf seiner Seite Produkte oder Dienstleistungen durch eine entsprechende Beschreibung zu verkaufen. Im Juli 2000 wurden schätzungsweise Waren im Wert von 100 Mio. Yen über das mobile Internet (i-Mode und andere) in Japan verkauft.[45]

---

[45] Vgl. Funk, The mobile Internet market

Das „Advertising"-Modell entspricht der bekannten Bannerwerbung aus dem Internet. Anbieter zahlen den Content-Anbieter dafür, dass er ihre Werbung auf der i-Mode Seite darstellt. Erste Erfahrungen zeigen, dass im mobilen Internet die Click-Rates, also die Anzahl der Kunden, die auf das Banner klicken und die dahinterliegende Seite aufrufen, sehr viel höher sind als im Fixed Internet.[46]

Um eine Übertragbarkeit der Modelle auf den deutschen Markt zu analysieren, sollte hier wiederum das WAP-System hinzugezogen werden. Das wirklich Neue auf dem Deutschen Markt ist, das „Clearing-House-Model". Doch unter Zurhilfenahme der Analyse von Northstream kann ein alleiniger Markterfolg hieran nicht festgemacht werden, zumal die anderen Modelle in dieser Form auch unter WAP zu realisieren wären.

Unter dem erfolgreichen Geschäftsmodellen von NTT DoCoMo ist vielmehr die Synergie zwischen den Content-Anbietern und NTT DoCoMo zu verstehen. Dieses Geschäftsmodell wird natürlich so nicht offengelegt. Es sei aber erwähnt, das eine ständige Analyse der Nutzer und deren Eigenschaften stattfindet, die immer wieder erneut mit den Content-Anbietern abgeglichen wird. Dadurch, dass sich die offiziellen Anbieter bei NTT DoCoMo anmelden müssen, besteht hier eine optimale Steuerungsmöglichkeit, welche die Angebote verstärkt oder reduziert. Der Trick für e-Plus besteht nun darin, dieses Geschäftsmodell zu kopieren.

---

[46] Vgl. Reuss (2002)

4.   Schlussbetrachtungen

4.1   Vergleich Japan – Europa

E-Plus versucht nun, die unglaubliche Erfolgsgeschichte von NTT DoCoMo in Deutschland zu wiederholen. Aber Deutschland ist nicht Japan, und es gibt sowohl kulturelle, wie auch marktbedingte Unterschiede, auf die sich e-Plus einstellen muss. I-Mode traf auf typische japanische Verhaltensweisen und wurde schnell akzeptiert.[47]. Das gesamte Lebensbild der Japaner ist viel mehr von Elektronik geprägt als in Deutschland. Während in Deutschland noch darum geworben werden muss, elektronische „Spielzeuge" überhaupt zu benutzen, ist in Japan eher die Frage, welches „Spielzeug" benutze ich vordergründig.

Des weiteren ist das gesamte Lebensverhalten sehr unterschiedlich. Der Japaner verbringt einen Großteil seiner „freien" Zeit mit oftmals langen Anreisen zur Arbeit. Diese Anreisezeit ist in Deutschland wesentlich kürzer. Außerdem wird in Japan hierfür hauptsächlich die Bahn benutzt; im Gegensatz zu Deutschland, wo immer noch das Auto das am meisten genutzte Fortbewegungsmittel ist.

Hier zeigt sich, dass e-Plus auch eine kulturelle Hürde zu überwinden hat, die in ihrer Größenordnung schwer einzuschätzen ist.

Die nächste Hürde ist, die kritische Masse der Nutzer zu erreichen. Während NTT DoCoMo auf dem heimischen Markt fast eine Monopolstellung besaß, hat e-Plus in Deutschland eher einen geringen Marktanteil aufzuweisen. Durch die beherrschende Stellung von NTT DoCoMo war es auch möglich, einen eigenen Standard einzuführen und erfolgreich durchzusetzen.[48]

NTT DoCoMo musste also nicht gegen einen schon bestehenden Standard ankämpfen; selbst wenn hierzulande WAP nicht oft genutzt wird, so sollte man diesen Standard bei seinen Betrachtungen auf keinen Fall vernachlässigen. Immerhin wurde die Entwicklung von WAP von einem Industriekonsortium koordiniert, dem mehrere hundert Firmen angehören und das mit Internetstandardisierungsgremien, wie dem World Wide Web Konsortium oder der Internet Engineering Task Force, eine enge Zusammenarbeit pflegt.[49]

---

[47] Vgl. Zobel, S.114
[48] Vgl. Zobel, S.115
[49] Vgl. Niklowitz, NZZ

Hier hat e-Plus bei seiner Markteinführung reagiert und bietet dem Nutzer sowohl i-Mode, wie auch den Zugriff auf WAP-Seiten an.[50] Der Nachteil hier liegt darin, dass sich die WAP-Inhalte nicht durch e-Plus beeinflussen lassen.

Nicht zu vernachlässigen sind auch die bestehenden Mobilfunk-Nutzergruppen. Wie bereits beschrieben, gibt es zum einen das Kundensegment der Prepaid-Kunden, zum anderen aber auch das Business-Kundensegment, dass es auf dem japanischen Markt in dieser Form so nicht zu verzeichnen ist. In Japan zahlen nur sehr wenige Firmen ihren Angestellten die Mobiltelefonspesen[51], während in Deutschland der Großteil der leitenden Angestellten ein Firmentelefon besitzt. Hier stellt sich die Frage, ob Firmen bereit sind, ihren Mitarbeitern Endgeräte zur Verfügung zu stellen, die den i-Mode Standard beherrschen. Hier sei nur auf die große Problematik „Surfen am Arbeitsplatz" verwiesen.

4.2   Voraussetzungen für einen Deutschen Markterfolg

Vom i-Mode Beispiel in Japan lässt sich zahlreiches lernen, das auch für einen möglichen Erfolg in Deutschland relevant sein kann. E-Plus sollte auf keinen Fall versuchen, dass gesamte Konzept von Japan nach Deutschland zu übernehmen, da wie bereits beschrieben die Anfangsbedingungen sehr unterschiedlich sind. Die Nutzung in Nischenzeiten und von Kurzanwendungen sind wertvolle Einsichten in das Verhalten der Pioniere, welche auch die Ergebnisse der Marktforschungsstudien über Pioniernutzer in anderen Ländern bestätigen.[52]. Hier sollte e-Plus ansetzten und genau dieses Kundensegment sorgfältig herausarbeiten und dieses anschließend aggressiv bewerben.

Der große Erfolg von NTT DoCoMo lässt sich unter anderem darauf zurückführen, dass man sich als Manager eines offenen Angebots verstand. Das bedeutet, Inhalte und Content-Anbieter haben höchste Priorität. Dies schließt auch eine attraktive Bepreisungs- und Umsatzverteilung[53] mit ein. Nach selbiger Verfahrensweise sollte auch e-Plus vorgehen. Ein Entgegenkommen bezüglich der Content-Anbietern ist unbedingt notwendig. Hier hat e-Plus bereits den ersten Schritt getan, indem es die

---

[50] www.e-plus.de
[51] Vgl. Niklowitz, NZZ
[52] Vgl. Zobel, S.115
[53] Bgl. Northstream (2002)

Einstiegsschwelle extrem niedrig gehalten hat.[54] Nun ist es wichtig, die Entwicklung von Anwendungen attraktiv zu halten und über geschicktes Marketing viele Anwender zu akquirieren, damit auf der Plattform viel Umsatz entsteht.[55]

E-Plus muss dafür Sorge tragen, so benutzerfreundlich wie möglich zu sein.[56] Die Anwender müssen ohne großen Aufwand die Möglichkeiten erkennen und durch spielerische Aktionen den Umgang mit dem neuen Gerät erlernen.

Ein weiterer wichtiger Punkt ist die Akzeptanz des niedrigen ARPU Level[57]. An diesen Level muss e-Plus seine Handy-Subventionen und Händlerkommissionen anpassen. Hierbei ist es wichtig, eine optimal Lösung zwischen Handy-Subvention und der laufenden Erneuerung der Geräte zu erreichen. Denn, nur wer ein neues Handy hat, probiert auch wieder neue Dinge aus.

Um diesen optimalen Weg zu finden, ist das Aufspüren von neuen Umsatzquellen, wie Werbung und e-commerce, sehr wichtig.

Laut Northstream sollte hier auch ein Sponsoring der Handys durch Drittanbieter in Erwägung gezogen werden. Als Beispiel wäre es denkbar, durch das Abonnement des AMICA-Channels ein neues Handy zu bekommen.

Wenn e-Plus versucht, seinen eigenen Markt mit dem Hintergrundwissen aus Japan aufzubauen, sollte es möglich sein, i-Mode erfolgreich nach Deutschland zu importieren, wenn auch niemals mit dem gleichen überwältigenden Erfolg wie in Japan.

Die gesamte Mobilfunkbranche beobachtet den Erfolg von i-Mode sehr genau, gilt i-Mode doch auch als ein erster Testversuch für die Einführung für UMTS. „Die ganze Branche kann nur hoffen, das i-Mode funktioniert," sagt Jürgen von Kuczkowski, Chef von Vodafone D2.[58] Betrachtet man diese Aussage etwas näher, lässt sich hieraus auch schlussfolgern, dass e-Plus versucht, neben einem profitablen System, auch zusätzlich erste Erfahrungen auf dem Multimedia-Mobilfunkmarkt zu sammeln, um später unter Umständen den Vorteil des „First Movers" für sich zu nutzen.

---

[54] Vgl. S.6
[55] Vgl. Zobel, S.114
[56] Vgl. Northstream (2002)
[57] Vgl. Northstream (2002)
[58] Vgl. Handelsblatt (2002)

Schlussbemerkung

Diese Arbeit wurde angefertigt mit freundlicher Nichtunterstützung von e-Plus. Den Damen und Herren sei an dieser Stelle noch einmal ein besonderer Dank für ihre Unkooperation ausgesprochen.

Literaturverzeichnis

www.e-plus.de

www.eplus-imode.de

Financial Times Deutschland (FTD), Rund 44 Millionen Japaner sind mobil im Web, www.ftd.de/tm/tk/1273092.html, 26.09.2001, Abruf am 23.09.2002.

Gneitling, Stefan, i-Mode das Pendant zu WAP. In Funkschau, Ausgabe 16 / 2000, S.48
Handelsbaltt, I-Mode hat in Japan Erfolg durch niedrige Gebühren, www.handelsblatt.com/hbiwwwangebot/fn/relhbi/sfn/buildhbi/cn/GoArt!200104,202494,41763 1/SH/0/depot/0/, 08.05.2001, Abruf am 17.09.02.

Handelsblatt, E-Plus will Konkurrenz mit frühem i-Mode-Start abhängen, http://www.handelsblatt.com/hbiwwwangebot/fn/relhbi/sfn/buildhbi/cn/GoArt!200104,202399, 503570/SH/0/depot/0/, 18.02.2002, Abruf am 17.09.2002

Informationweek, i-Mode-Hype im Land des Lächelns, www.informationweek.de/index.php3?/channels/channel40/012346.htm, 25.10.2001, Abruf am 17.09.2002.

Jeliazkov, Vesselin, http://wwwai.wu-wien.ac.at/~koch/lehre/inf-sem-ws-01/jeliazkov/seminar.pdf, 23.02.02, Abruf am 15.09.2002.

Kuhn, T., Hennersdorf, A., Handelsblatt, Mobilfunk: Hadern am Handy, http://www.handelsblatt.com/hbiwwwangebot/fn/relhbi/sfn/buildhbi/cn/GoArtPic!200104,2023 99,526638/SH/0/depot/0/, 12.05.2002, Abruf am 18.09.2002.

Niklowitz, Matthias, Neue Züricher Zeitung, Das Handy als Internet-Terminal – „i-Mode" statt WAP?, www.nzz.ch/2002/05/10/em/page-article82JNO.html, 10.05.2002, Abruf am 18.09.2002.

Northstream, Executive Summary – Lessons from i-Mode II, www.northstream.se, 07.07.2002, Abruf am 10.09.2002.

Reuss, Heinrich, Mobile Internet in Japan, www.japan.uni-muenchen.de, März 2001, Abruf am 15.09.2002

ZDNet, Alles über i-Mode, www.zdnet.de/mobile/artikel/tkomm/200203/imode02-wc.html, Abruf am 17.09.2002.

Zobel, Jörg: Mobile Business und M-Commerce, München 2001.